SUSTAINABLE DEVELOPMENT GOALS 어린이가 꼭 알아야 할 지속가능발전목표

슬기로운 지구 생활

08 안전한 집

글 새런 테일러 | 그림 엘리사 로치
옮김 김영선 | 감수 윤순진

다섯
어린이

지속가능발전목표
다산북스는 유엔의 지속가능발전목표를 지지합니다.

2015년 유엔(UN, 국제연합)은 지구와 우리의 삶에 영향을 미치는 가장 심각한 문제들을 해결하기 위해 '지속가능발전목표'를 세웠어. '지속가능발전'이란 미래를 위해 환경을 보호하고 사회·경제적 자원을 낭비하지 않으면서 현재 우리 삶을 더 좋은 방향으로 발전시키는 것을 말해. 이를 위해 전 세계가 2016년부터 2030년까지 달성할 17가지 목표를 정한 거야. 지속가능발전목표는 국가뿐 아니라 시민 하나하나가 일상생활에서 노력해야 이룰 수 있어.

지구의 모든 사람이 안전한 집에서 건강한 삶을 누리려면 어떻게 해야 할까?

슬기로운 지구 생활을 위해!

- 모든 사람에게 가격이 적당하고 안전한 거주지를 공급하기.
- 깨끗한 물과 화장실, 요리·난방·조명을 위한 전력, 쓰레기 처리 시설, 사생활을 보장할 수 있는 공간 등 기본 시설을 갖춘 집을 제공하기.
- 지속 가능한 자재를 이용해 추위와 더위, 비와 바람 등 건강을 위협하는 것을 막을 만큼 튼튼하고 안전한 건축물 짓기.
- 장애인이 편히 살 수 있는 집을 제공하기.
- 대중교통과 의료, 보육, 교육, 구직 등을 위한 편의시설을 잘 갖춘 기반 시설 세우기.
- 대기오염을 줄이고 누구나 사용할 수 있는 녹지 만들기.
- 건물과 거주자가 자연재해로 피해를 입지 않도록 예방하기.
- 세계의 문화유산과 자연유산 보호하기.

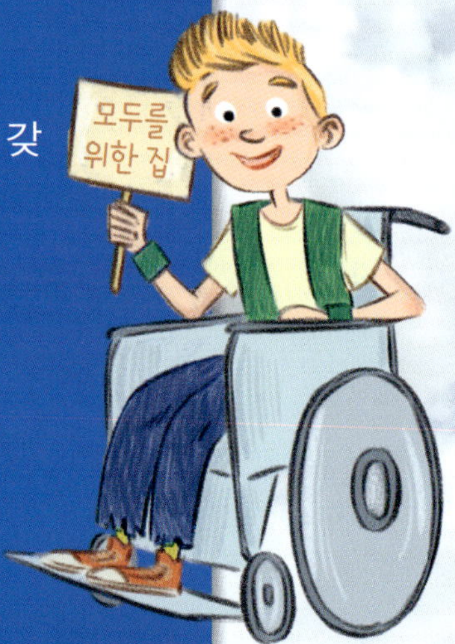

차례

6-7	모양도 크기도 제각각
8-9	집이란 무엇일까?
10-11	늘어나는 인구, 부족한 집
12-13	사람이 몰리는 도시
14-15	안전한 도시
16-17	도시에도 녹지가 필요해
18-19	빈민촌
20-21	노숙자
22-23	끈끈한 가족
24-25	건강하게 사는 법
26-27	모두가 건강한 세상을 위해
28-29	단 한 사람도 소외되지 않도록
30-31	문화유산 지키기
32	성공적인 모범 사례
33	찾아보기

모양도 크기도 제각각

전 세계 모든 사람이 지구라는 같은 서식지에 살고 있지만 집의 모양과 크기는 정말 제각각이야. 정원이 있는 넓은 시골 집, 작은 마을의 진흙 오두막, 고층 건물이 빼곡한 도시의 작은 아파트, 심지어 동굴이나 배, 텐트도 집이 될 수 있어.

집을 만드는 방식도 아주 다양하지. 대나무와 풀을 엮거나 돌과 진흙을 쌓아서 만들기도 하고, 땅을 파서 집을 짓기도 해.

이런 천연 재료는 우리 주변에서 쉽게 찾을 수 있고, 시간이 지나면 또 구할 수 있기 때문에 지속 가능한 재료라 할 수 있어.

이와 달리 벽돌이나 시멘트, 금속처럼 가공한 재료로 지은 집도 있지.

가공한 재료는 주로 단단한 구조물을 지을 때 사용해. 그래서 하늘을 찌를 듯이 높은 건물을 짓는 데 많이 쓰인단다.

아주 습하거나 비가 많이 내리는 지역에서는 튼튼한 나무로 말뚝을 박은 다음 그 위에 대나무와 볏짚, 갈대로 벽을 세우고 지붕을 올려. 집이 공중에 떠 있어서 습기와 물로부터 안전하지.

이곳저곳 옮겨 다니며 생활하는 사람들은 이동과 조립이 편리한 집을 가지고 다니거나 잠시 정착한 곳에 임시로 집을 만들어. 얼음 벽돌로 만든 이글루도 북극 사람들이 사냥감을 찾아다닐 때 짓는 임시 거주지야.

중앙아시아 유목민의 유르트는 가벼운 나무막대를 세운 뒤 펠트 천을 덮은 천막이야. 텐트처럼 접을 수 있기 때문에 식량이 떨어져 거처를 옮길 때 가지고 다니기 편해.

그렇다면 우리에게 '집'은 어떤 의미가 있는 곳일까?

집이란 무엇일까?

집은 보통 우리가 사는 곳이나 건물 자체를 의미하지. 또는 동네나 도시 전체를 포함하는 뜻일 수도 있어.

어떤 사람들은 집을 훨씬 넓은 의미로 사용하기도 해. 도시보다 더 큰 지역, 더 나아가 나라 전체를 가리키기도 하지.

때로는 '우리 집'이라고 하면 집에 같이 사는 사람들을 뜻하기도 해. 이 경우에 집은 단순히 건물이 아니라 가족이나 함께 사는 친구들까지 포함하는 말이기도 하지.

어떤 경우든 집은 안전하고 행복한 장소여야 한단다. 편안하고 보호받는 느낌을 받는 곳이 바로 집인 거야. 그리고 사람이 이용하는 건물로서의 집은 수도 시설과 화장실, 난방과 전기 같은 기본 시설을 갖추고 있어야 하지.

그런데 안타깝게도 이런 집에서 살지 못하는 사람이 많아. 전 세계 78억 인구(2020년 기준) 중 16억 명이 환경이 열악한 집에서 살고 있고, 1억 5,000만 명은 아예 집이 없어.

이것은 아주 가난한 나라들만의 이야기가 아니야.

바로 전 세계의 문제란다.

늘어나는 인구, 부족한 집

1800년에는 전 세계 인구가 겨우 10억 명이었어. 하지만 음식의 질이 좋아지고 의료가 발전하면서 사람의 수명이 길어졌지. 2020년 기준 전 세계 인구는 약 78억 명이고, 2100년에는 110억 명이 될 것으로 예측하고 있어.

이 많은 사람 모두에게 안전한 집이 필요해.

 ## 공간이 부족해

인구가 증가하는 만큼 집도 더 많이 필요해. 그런데 새 집을 짓는 데는 많은 비용이 들지.

가난한 나라일수록 출생률이 높은 경향이 있어. 아이를 많이 낳는다는 이야기야. 하지만 가난하면 가족이 늘어도 집을 넓히거나 이사할 돈이 없어서 좁은 공간에서 많은 사람이 복작거리며 살게 되지.

잘사는 나라에서는 한 집에 한두 사람만 사는 일이 흔해. 또 한 사람이 집을 여러 채 가지고 있는 경우도 많아서 사람이 매일 거주하지 않고 비어 있는 집도 많지.

이런 식으로 공간 사용의 불공평이 지속되고 세계 인구가 계속 늘어나면, 전 세계적으로 새 집이 계속해서 더 많이 필요할 거야.

유엔은 안전한 집이란 화장실과 복도와 벽장을 포함해 충분한 거주 공간을 갖춘 집이라고 정의했어. 하지만 1인당 평균 생활공간의 크기는 나라마다 차이가 크단다.
- 호주 : 1인당 약 80제곱미터
- 미국과 캐나다 : 65제곱미터 이상
- 중국 : 약 35제곱미터
- 러시아 : 약 25제곱미터
- 대부분의 아프리카 국가 : 20제곱미터 미만
- 대부분의 아시아와 태평양 국가 : 20제곱미터 미만
- 인도와 캄보디아 : 10제곱미터 미만

지구 마을 뉴스

주택난을 해결하는 노력 넷

세계 곳곳에서 집이 부족해서 생기는 문제를 해결하기 위해 노력 중이야.

1. 아프리카에서는 집이 없는 가정을 위해 수천 채의 조립식주택을 짓고 있어. 주택의 각 부분을 미리 제작한 다음 현장에서 조립하는 거야. 이건 쓰레기가 덜 나오는 친환경적인 방식이야.

2. 공간이 작은 집은 이동할 수 있는 칸막이벽이나 다용도 가구를 사용하면 공간을 넓히지 않고도 방의 구조를 원하는 대로 바꿀 수 있지.

3. 홍콩은 인구는 아주 많은데 집은 너무 적어서 집값이 엄청나게 비싸기로 유명해. 소코(SoCO)라는 시민단체는 공공 주택을 늘리고 집을 빌려 사는 사람의 권리를 강화하는 정책을 이끌어 내기 위해 노력하고 있어.

4. 유엔은 회원국에게 오랫동안 버틸 견고한 집을 짓도록 권하고 있어. 모든 나라는 사고파는 집뿐만 아니라 임대주택을 충분히 만들어서 누구나 이용할 수 있는 적절한 가격에 공급할 의무가 있지.

사람이 몰리는 도시

지역사회(지역 공동체)는 한 지역에서 생활과 문화 등을 공유하는 생활 공동체야. 시골의 작은 마을이나 도시의 아파트 단지, 혹은 동이나 구처럼 행정단위로 나눈 지역이 지역사회가 될 수 있지.

전 세계 인구의 절반 이상이 도시에 살아. 그런데 도시가 차지하는 면적은 지구 전체 육지의 3퍼센트에 불과해. 그럼에도 사람들이 계속 도시로 몰려드는 바람에 건물과 산업, 서비스 등이 한곳에 지나치게 집중되는 과밀화 현상이 일어나고 있어. 게다가 좁은 땅에 사람이 너무 많아서 집도 부족하고 주거 환경이 열악해지는 문제가 생겼지.

 ## 오염된 공기

수많은 사람과 자동차, 산업용 쓰레기와 가정용 쓰레기로 가득한 도시는 환경오염이 심각해. 세계보건기구에 따르면 전 세계 도시 거주자의 약 90퍼센트가 오염된 공기를 마시고 있어.

좁은 공간에 사람이 너무 많으면 공기가 탁해지고 질병이 아주 쉽게 퍼지는 등 건강에 좋지 않아.

도시는 사람뿐 아니라 건물로 가득 차 있어. 그래서 사람과 자전거가 다니는 길을 비롯해 사람들이 서로 만날 수 있는 시장이나 공공장소를 만들 공간이 턱없이 부족하지.

2019년 기준 전 세계에서 인구가 많은 도시는 다음과 같아.
- 일본의 도쿄 : 3,743만 5,000명 이상.
- 인도의 델리 : 2,939만 9,000명 이상.
- 중국의 상하이 : 2,631만 7,000명 이상.
- 브라질의 상파울루 : 2,184만 6,500명 이상.
- 멕시코의 멕시코시티 : 2,167만 1,900명 이상.

이집트의 카이로와 방글라데시의 다카, 인도의 뭄바이, 중국의 베이징, 일본의 오사카도 인구가 많은 도시야.

도시의 변화 셋

많은 사람이 복잡한 도시의 주거 환경을 개선하기 위해 노력하고 있어.

1. 덴마크의 코펜하겐 중심가는 공기가 깨끗해. 자동차보다 자전거가 많기 때문이야. 시민 60퍼센트 이상이 학교나 회사를 오갈 때 자전거를 타거든. 사람들이 자전거로 이동하는 거리를 모두 합하면 하루에 약 1,500만 킬로미터나 돼.

2. 도시는 시내 중심지나 가게, 영화관, 쇼핑센터, 대중교통 등 어디든지 사람이 바글바글할 때가 많아. 그래서 코로나19가 대유행하는 요즘에는 질병의 전염을 막고자 마스크를 쓰는 것이 일상이 되었단다.

3. 유엔은 도시의 주거 환경을 개선하는 것을 목표로 유엔인간주거계획(UN-Habitat)이라는 기구를 만들었어. 90개 나라에 있는 각국 위원회는 도시 환경을 개선하는 사업을 계획할 때 지역사회도 참여할 수 있도록 돕고 있어.

안전한 도시

모든 지역사회는 구성원을 보호하고 지원할 수 있도록 세심하게 설계해야 해. 건물과 도로뿐 아니라 전력 공급 시설과 쓰레기 처리 시설, 상하수도, 의료 시설, 학교, 대중교통 체계, 경찰서와 소방서 등을 갖추어야 하지. 이처럼 도시 주민의 생활이나 도시 기능을 유지하는 데 필요한 시설을 기반 시설 또는 인프라라고 부른단다.

도시에 기반 시설을 갖추지 않거나 그것을 제대로 운영하지 않으면 사람들의 삶이 위험에 빠지거나 공동체가 작은 집단으로 쪼개져 무너질 수 있어.

유엔의 목표 중 하나는 전 세계 지역 사회의 기반 시설을 개선하는 거야. 이를 위해 유엔은 모두를 위한 안전하고 적당한 가격의 주택을 만들고, 국민 누구나 모든 공공서비스를 이용할 수 있도록 보장하라고 모든 회원국에 요청하고 있어.

유엔의 또 다른 목표는 지속 가능한 건축 자재와 태양광, 풍력 같은 재생 에너지에 더 많은 돈을 투자해서 오염을 줄이고 환경을 보호하는 거야.

또한 유엔은 여성과 어린이, 노숙자와 빈곤층, 노인과 장애인 등 취약계층에게 특별히 관심을 기울일 것을 촉구하고 있지.

마지막으로, 유엔은 모두가 안전하고 쉽게 사용할 수 있는 공용 공간을 비롯해 풀과 나무가 우거진 녹지를 만들라고 촉구하고 있어.

도시에도 녹지가 필요해

세계보건기구(WHO)에 따르면 전 세계 모든 도시가 1인당 최소 9제곱미터의 녹지를 확보해야 해. 탁구대 2개 정도의 면적이지. 이것은 달성하기 어려운 목표는 아니지만, 대부분의 녹지가 한곳에 몰려 있기 때문에 거리가 너무 멀어 이용하지 못하는 사람이 많다는 게 문제야.

 ## 녹지가 없다면

도시에서 가장 가난하고 취약한 계층의 사람들은 대체로 자유롭게 이용할 수 있는 녹지가 거의 없는 지역에 살고 있어.
그런데 이들이야말로 녹지가 있으면 가장 큰 즐거움을 누릴 사람들이야.

근처에 확 트인 녹지가 없으면 사람들은 밖에 나가고 싶은 마음이 없어지면서 게을러지는 경향이 있어. 그래서 운동에 소홀한 나머지 심한 과체중이나 비만이 되기 쉽지. 이것은 더 심각한 건강 문제나 우울증으로 이어질 수 있어.

모든 사람이 이용할 수 있는 공공녹지의 비율이 세계에서 가장 낮은 도시는 아랍에미리트의 두바이와 터키의 이스탄불, 인도의 뭄바이, 중국의 상하이, 대만의 타이베이야. 이 도시들은 모두 대기오염도 심각하고 열섬 현상으로 주변 지역보다 기온도 매우 높아.

한 번 더 생각해 보기

단지 보기에 좋으라고 녹지를 만드는 것은 아니야. 녹지가 있으면 주변의 더 넓은 지역까지 살기 좋은 환경이 되거든. 공원의 풀과 나무는 대기의 해로운 이산화탄소를 빨아들이고, 나무가 그늘을 만들어 건물이 빼곡한 도시의 온도를 낮추지. 연못과 호수, 분수도 도시의 열기를 흡수해 더운 계절에 에어컨을 덜 틀게 함으로써 에너지를 아끼게 해 준단다.

녹지를 넓히는 노력 넷

여러 도시가 녹지를 만들기 위해 힘쓰고 있어.

1. 땅이 넓지 않아도 녹지를 만들 수 있어. 싱가포르를 비롯해 많은 도시에서 건물의 옥상과 벽을 정원으로 활용하고 있지.

2. 네덜란드 로테르담에서는 사용하지 않는 오래된 기찻길이 멋진 녹지로 탈바꿈했어. 번잡한 도시 한가운데, 2킬로미터의 철길을 따라 과수원과 놀이 공간, 텃밭 등이 들어섰단다.

3. 미국 뉴욕에는 '배터리 도시농장'이라 부르는 채소밭이 있어. 이곳에 방문한 사람들은 푸른 자연을 즐기고 신선한 채소를 맛보면서 지속 가능한 농업을 경험하고 자연 친화적인 유기농 식품이 건강에 얼마나 좋은지 배울 수 있어.

4. 공원이 있으면 친구를 만나고 산책이나 운동을 하고, 확 트인 공간에서 마음껏 자유 시간을 즐길 수 있어.

빈민촌

도시는 일자리를 구하기가 쉽기 때문에 사람이 많이 모이고 복잡한 거야. 하지만 같은 이유로 안전한 집이 부족해서 새 집을 더 많이 지어야 하지.
도시로 몰려든 사람들이 모여 새롭게 형성된 거주 지역을 정착촌이라고 해. 주로 가난한 사람들이 모여 살기 때문에 빈민촌 혹은 슬럼이라고도 부르는데 무허가 주택이 많단다. 전 세계적으로 빈민촌이 계속 커지고 있고, 현재 약 10억 명이 이곳에 살고 있어.

안전하지 않아

빈민촌은 주로 도시 바깥쪽에 모여 있어. 일반적으로 깨끗한 물과 화장실, 교통과 전기를 이용하는 것이 어렵거나 아예 불가능하지.

빈민촌은 생활공간이 좁아서 건강에도 좋지 않아. 창문이 없는 집이 많아서 신선한 공기를 마시기 어렵고, 진흙으로 바닥을 만드는 경우도 많아서 청결을 유지하기도 힘들지. 이런 환경 때문에 수시로 질병이 퍼지기도 해.

빈민촌의 집들은 대부분 약한 자재로 만들어서 쉽게 망가지거나 무너질 수 있어.

빈민촌이 가장 많은 지역은 아시아와 아프리카, 남아메리카야.

빈민촌은 대부분 가파른 언덕이나 홍수가 잘 나는 저지대에 형성돼. 그래서 홍수와 지진, 태풍 같은 자연재해가 발생하면 아주 위험하지. 이때 집이 부서지면서 사람이 다치거나 죽는 일이 많단다.

지구 마을 뉴스

빈민가 개선 노력 셋

많은 나라가 빈민촌의 나쁜 환경을 바꾸기 위해 애쓰는 중이야.

1. 태국은 빈민촌에 사는 사람들이 집과 집 주변을 수리할 수 있도록 돈을 빌려주고 있어. 덕분에 빈민촌 수천 개의 주거 환경이 개선되었지.

2. 많은 나라가 시골에 일자리를 만들기 위해 노력하고 있어. 도시의 빈민촌 사람들이 시골로 내려가 직업을 얻으면 도시 주변의 빈민촌이 줄어들 거야.

3. 도시가 모든 사람이 혜택을 누리는 지속 가능한 방식으로 발전할 수 있도록 150개 나라가 빈민촌의 기반 시설을 개선하는 계획을 세웠어.

노숙자

집과 자기만의 공간을 갖는 것 역시 인간의 기본적인 욕구이자 마땅히 누려야 할 권리, 즉 인권이야. 하지만 전 세계적으로 집이 아예 없는 사람이 아주 많아.

노숙자는 집이 없어서 떠돌이 생활을 하는 사람을 가리키는 말이야. 노숙자는 도로나 공원에서 한뎃잠을 자거나 텐트 같은 임시 거처에서 살고 있어.

갈 곳이 없어

집을 사거나 빌리려면 돈이 필요해. 하지만 방 하나 빌릴 돈도 없을 만큼 가난한 사람이 많아. 노숙자를 위한 무료 쉼터가 있지만, 일시적인 해결책이라 결국에는 다시 거리로 나갈 수밖에 없어.

해마다 1,400만 명이 자연재해로 집을 잃고 있어. 자연재해는 예고 없이 발생하거나 미리 알아도 피하기 어려울 때가 많지. 태풍은 시속 최대 200킬로미터가 넘는 바람을 몰고 다니면서 주변의 모든 것을 파괴하고, 지진은 1분만에 고층 빌딩을 무너뜨릴 수 있어.

전쟁이 나면 많은 사람이 급히 피난을 떠나지. 유엔은 2020년에만 전쟁 때문에 집을 떠난 난민이 8,000만 명이 넘으리라 짐작하고 있어. 난민의 대다수는 어린이로, 가족과 헤어진 아이가 적지 않아. 난민들이 모여 사는 곳을 난민촌이라고 하는데, 보통 텐트로 머물 곳을 만들지.

한 번 더 생각해 보기

한번 노숙을 시작하면 안정적으로 살 집을 찾기가 더욱 어려워져. 일정한 거주지가 없으면 학교에 가거나 일자리를 구하기가 힘들지. 나라의 도움도 받지 못해 돈이 한 푼도 없을 가능성이 커. 먹을 것도, 마실 물도, 화장실도 구하기 어려울 거야. 제대로 씻거나 먹지 못해서 병에 걸리기 쉽지만 대부분 치료를 받지 못하지. 노숙은 가족 전체에게 나쁜 영향을 끼치며 심각한 악순환을 일으킨단다.

끈끈한 가족

'집'은 함께 사는 사람을 의미하는 말이기도 해. 함께 사는 사람은 가족인 경우가 많아. 가족은 부부와 자녀로 이루어질 수도 있고, 조부모나 이모, 삼촌까지 함께 사는 대가족일 수도 있고, 구성원에 따라 크기와 모습이 다양하지. 하지만 가족은 크기나 모습과 상관없이 '안전한 집'의 중요한 요소야.

유대감이 강한 가족은 건강한 공동체의 기초가 되기 때문에 유엔은 지속가능발전목표 안에 전 세계 가족을 지원할 여러 가지 방법을 넣었어. 가족의 연결 고리가 튼튼하려면 모든 가족 구성원이 다음과 같은 권리를 보장받아야 해.

어머니
- 임신과 출산 때 보호받아야 해.
- 직업을 갖고, 스스로 돈을 벌고, 그 돈을 어떻게 쓸지 결정할 수 있어야 해.
- 누구나 감당할 수 있는 적당한 비용으로 보육과 가족 돌봄 서비스를 이용할 수 있어야 해.

아버지
- 고용주는 노동에 대한 정당한 대가를 지불해야 해.
- 정부는 가난한 가정과 자녀가 있는 가정을 지원해야 해.
- 자녀가 태어나기 전후로 아버지도 일을 잠시 쉬는 육아휴직을 쓸 수 있어야 해.
- 육아와 살림을 배우자와 함께해야 해.

아들
- 위험한 질병에 걸리지 않도록 예방주사를 맞아야 해.
- 의무교육을 제대로 받아야 해.
- 모든 나라가 청년의 일자리를 만들고 실업자를 지원하는 정책을 실시해야 해.

딸
- 남자아이와 똑같은 권리를 누려야 해.
- 의무교육을 제대로 받아야 해.
- 여자아이에게 공짜로 일을 시키거나 일찍 결혼하도록 강요하지 않아야 해.

조부모
- 모든 나라가 노약자의 질병을 예방하고 치료하도록 노력해야 해.
- 모든 유엔 회원국은 새로운 의료 기술을 개발하도록 지원해야 해.

건강하게 사는 법

안전한 가정은 곧 모든 가족 구성원이 건강한 가정이야. 가족 중에 아픈 사람이 생기면 온 가족이 어려움을 겪을 수 있어.

따라서 좋은 음식을 먹고 몸을 잘 보살펴서 최대한 건강하게 사는 것이 중요하지만, 사실 말처럼 쉬운 일이 아니야.

 ## 자기 몸부터 돌보기

너무 가난해서 자신이나 가족이 먹을 음식을 충분히 사지 못하는 사람이 있어. 도로나 사회 기반 시설이 엉망이어서 음식물이 필요한 사람에게 제때 제공되지 못하는 경우도 있지. 또 다양한 음식을 골고루 먹지 못해 영양이 결핍되고 굶주림에 시달리게 되기도 해.

담배를 피우거나 술을 마시는 것도 건강을 해치는 나쁜 습관이야. 담배 때문에 해마다 전 세계에서 수백만 명이 사망하고 있어. 술을 마시면 뇌를 비롯해 여러 신체 장기에 부담을 줘서 심장병이나 간암 등 심각한 병에 걸릴 가능성이 높아.

약은 아픈 사람을 치료해 줘. 하지만 헤로인이나 코카인 같은 일부 약물은 건강에 매우 해로울 뿐만 아니라 이상 행동을 일으키기도 해. 또 중독성이 엄청 강해서 한 번만 경험해도 약 없이 살 수 없는 상태가 되고, 너무 많이 복용하면 죽음에 이르기도 하지. 그래서 이런 약물 사용은 법으로 금지하고 있어.

건강하게 살고 싶다면 운동부터 하는 것이 좋아. 어린이의 건강한 성장과 발달을 위해서도 밖에서 놀거나 몸을 움직이는 것이 꼭 필요하단다. 또한 운동은 정서와 정신 건강에도 도움이 되지. 하지만 많은 사람이 남는 시간에 텔레비전이나 컴퓨터, 휴대전화를 보고 있어. 또한 걷거나 자전거를 타고 갈 수 있는 거리도 자동차를 이용하지. 세계보건기구에 따르면, 전 세계 인구 중 85퍼센트가 평소에 몸을 거의 움직이지 않는대. 그만큼 건강에 문제가 생길 가능성이 커지고 있는 셈이야.

지구 마을 뉴스

건강을 위한 노력 넷

많은 나라가 국민의 건강을 지키기 위해 여러 정책을 펴고 있어.

1. '피드더칠드런(Feed the Children, 아이들에게 밥을 먹이자)'은 어린이의 건강을 개선하는 것을 목표로 설립된 단체야. 어머니들과 함께 일하며 어머니에게 음식과 영양, 위생과 관련된 중요한 지식을 알려 주고 있지. 말라위에서는 100만 명이 넘는 사람에게 도움을 주었어.

2. 많은 나라가 흡연과 음주를 줄이는 정책을 펼치고 있어. 담배의 가격을 올리거나 포장지에 경고문과 끔찍한 사진을 넣고, 공공장소와 실내에서 흡연을 금지했지. 그리고 학교에서 일찍부터 술과 담배가 건강에 끼치는 나쁜 영향에 대해 교육하고 있어.

3. 포르투갈은 마약 문제를 해결하기 위해 2001년부터 마약 중독자를 감옥에 보내는 대신 이들이 다시 정상적인 삶을 되찾도록 치료하는 정책을 시행하고 있어. 이 정책은 현재 큰 성공을 거두고 있단다.

4. 아일랜드에서 두 번째로 큰 도시인 코크에서는 사람들이 집 밖에서 쉽게 운동할 수 있도록 공원에 운동기구를 설치했지.

모두가 건강한 세상을 위해

일반적으로 한 사람의 건강은 그 사람이 사는 곳의 의료 환경에 영향을 받아. 그런데 보통 가난한 나라일수록 의료 환경이 좋지 않아.

대부분의 가난한 나라들은 부유한 나라들과 같은 수준으로 약이나 치료를 제공하지 못해. 하지만 가난한 나라일수록 아픈 사람이 더 많은 것이 현실이야.

 **공평하지 않아**

호주나 스위스처럼 부자 나라에서 태어난 사람은 평균 80세까지 건강하게 살 수 있어. 하지만 많은 아프리카 나라는 평균수명이 약 40세밖에 안 되고, 심지어 아주 어릴 때 사망하는 사람도 적지 않아.

많은 아프리카 국가의 의사 수가 인구 100만 명당 10명에 불과한 반면에 미국과 영국처럼 잘사는 나라는 최대 3,000명이나 된단다.

너무 가난해서 과학이나 의학 연구에 돈을 투자할 여유가 없는 나라도 많아. 대다수 국민이 앓고 있는 흔한 질병을 연구하기도 어려운 형편이지. 그래서 이 문제는 국제적인 협조를 통해 해결하는 수밖에 없어.

질병은 수많은 생명을 앗아가는 세계적인 문제야. 하지만 많은 질병을 약으로 치료할 수 있고 더 나아가 백신으로 예방할 수도 있어.
몸속에 병균이 들어오면 우리 몸은 항체라는 단백질을 만들어서 병균과 맞서 싸우지. 이 원리를 이용해 백신을 만드는 거야. 백신에는 질병을 일으키는 바이러스나 박테리아가 조금 들어 있거든. 그래서 백신을 맞으면 몸이 미리 그 병균에 맞서는 항체를 만들어 놓아서 나중에 같은 병균에 감염되더라도 쉽게 병을 물리칠 수 있어.

지구 마을 뉴스

질병을 물리치는 노력 셋

각국의 정부와 자선단체가 함께 노력하면 질병을 예방하고 치료하는 데 성과를 거둘 수 있어.

1. 유엔의 모든 회원국은 전 세계인의 건강을 위해 함께 노력하고 있어. 유엔의 목표는 누구나 필요할 때마다 부담 없이 의료 서비스를 이용할 수 있도록 만드는 거야. 이런 시스템을 '보편적 의료 보장'이라고 하지.

2. 196개 나라가 많은 사람의 건강을 해치는 질병이나 사건이 발생하면 다른 나라에 즉각 알리기로 합의했어. 코로나19도 바로 이 합의 덕분에 모든 나라가 정보를 빠르게 공유할 수 있었던 거야.

3. '암레프 플라잉닥터스(AMREF Flying Doctors : 하늘을 나는 의사들)'는 해안이나 도시에서 멀리 떨어져서 쉽게 갈 수 없는 오지에 의료 서비스를 제공하고 있어. 에어앰뷸런스(응급용 비행기)로 아프리카의 여러 나라를 날아다니면서 맹활약하고 있단다.

단 한 사람도 소외되지 않도록

항상 건강한 사람은 없어. 살다 보면 언젠가는 아픈 날이 오지. 또 어떤 사람들은 일상생활을 어렵게 만드는 병이나 장애를 가지고 태어나기도 한단다.
이런 사람들은 대부분 특별한 치료나 도움이 필요하지. 그리고 집도 수리나 개조가 필요해. 건강한 사람의 몸에 맞게 지어진 집은 장애인이 생활하기에 불편하거나 심지어 위험할 수도 있거든. 하지만 많은 나라에서 이것이 늘 가능한 것은 아니야.

 ## 장애인이 겪는 어려움

전 세계 인구 중 약 10억 명이 장애인인데 그중 대다수가 개발도상국이나 가난한 나라에 살고 있어. 그리고 정부의 도움이나 지원금을 받는 장애인은 3분의 1도 안 되지.

전 세계적으로 여성이 남성보다 장애를 가진 비율이 높아. 여성 장애인은 장애뿐만 아니라 성 불평등까지 감당해야 하지.

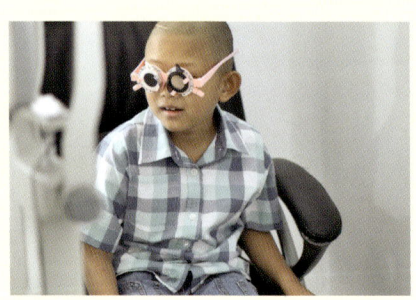

장애가 있다는 것은 단순히 몸이 불편한 것을 넘어 다른 어려움과 불리함을 안고 살아야 한다는 뜻이야.

장애가 있으면 학교에 다니거나 직업을 갖기 어렵고, 다른 사람들이 사용하는 시설을 이용하기도 쉽지 않아. 그러다 보니 다른 사람들과 함께 하는 활동에서 소외되곤 하지.

지구 마을 뉴스

전쟁으로 폐허가 된 나라에서는 해마다 수천 명의 아이들이 지뢰 때문에 심각한 부상을 입고 있어. 이때 목숨을 구하기 위해 팔이나 다리를 잘라 내기도 하지. 가난한 나라에서 이런 일이 발생하면 목발이나 기본 기능만 있는 휠체어를 받는 게 치료의 전부일 때도 많아.
팔이나 다리를 절단하는 수술을 받은 뒤에도 인공 팔다리인 의족과 의수를 사용하면 좀 더 자유롭게 돌아다닐 수 있어. 목발이나 휠체어에 의지하는 것보다 삶의 질이 훨씬 높아지지. 하지만 비용이 많이 드는 게 문제야. 그래서 많은 과학자들이 가난한 나라의 사람들이 훨씬 낮은 가격에 이런 의료 혜택을 누릴 수 있는 방법을 찾고 있어.

장애인 지원 방법 넷

많은 정부가 법과 제도를 마련해 장애인이 살기 좋은 환경을 만들고 있어.

1. 스페인은 세계에서 휠체어가 다니기 가장 편한 나라야. 모든 건물에 휠체어가 올라갈 수 있는 경사로를 마련하고, 아파트 안의 모든 공공구역에 휠체어 이용자도 쉽게 출입할 수 있도록 법을 만들었지. 그리고 변화를 이끌어 내기 위해 예산도 아낌없이 지원하고 있어.

2. 스위스는 전 세계에서 장애인 고용률이 가장 높은 나라야. 스위스 장애인의 69퍼센트가 직장에 다니고 있단다.

3. 핀란드는 세계에서 가장 좋은 의료 체계를 갖춘 나라야. 국민 누구나 동등한 의료 서비스를 받을 수 있도록 그 권리를 법으로 보장하고 있어.

4. 유엔인간주거계획은 90개가 넘는 회원국의 도시계획 전문가, 건축가, 정부 등과 협력하여 모든 장애인의 생활환경을 개선하기 위해 노력 중이야.

단 한 사람도 소외되지 않도록!

모든 사람에게 동등한 권리를!

문화유산 지키기

수천 년 전에 만들어진 아주 오래된 지역사회도 있어. 이런 곳에는 역사적 건물과 고대의 풍경, 이전 세대로부터 전해 내려온 중요한 전통이 가득하지.
세계 역사의 일부인 문화유산을 잘 보호하는 것 또한 유엔이 세운 목표 중 하나야. 유엔은 부유하든 가난하든 모든 나라가 과거의 유산을 보전해서 미래 세대에게 남겨 줄 수 있도록 돕고 있어.

! 위험에 처한 문화유산

공동체의 역사가 담긴 건물은 오래된 만큼 자연재해가 닥치면 쉽게 무너질 수 있어. 건물 안에 있는 모자이크와 프레스코화, 스테인드글라스 등 중요한 예술 작품도 마찬가지지.

전쟁과 분쟁 때문에 많은 고대 도시가 완전히 파괴될 위험에 처했어. 리비아의 렙티스마그나는 로마제국 때 건설된 건축물과 시장, 항구 등이 모인 고대 도시로 유네스코 세계문화유산으로 지정되었어. 하지만 리비아 내전이 터졌을 때 폭격당할 뻔했단다.

세계 곳곳에서 오랜 공동체의 전통과 지식이 사라지고 있어. 불법 벌목꾼들이 뉴기니의 숲을 베어 버리자 자연환경이 파괴되었지. 그 뒤 원주민들이 그곳을 떠나면서 그들의 언어도 사라져 버렸어.

한 번 더 생각해 보기

환상적인 유적지를 몇 개만 소개할게.

- 한국의 경주
- 이집트의 룩소르
- 스리랑카의 불치사
- 미국의 그랜드캐니언
- 캄보디아의 앙코르와트
- 아이슬란드의 싱벨리어국립공원
- 요르단의 페트라
- 페루의 마추픽추

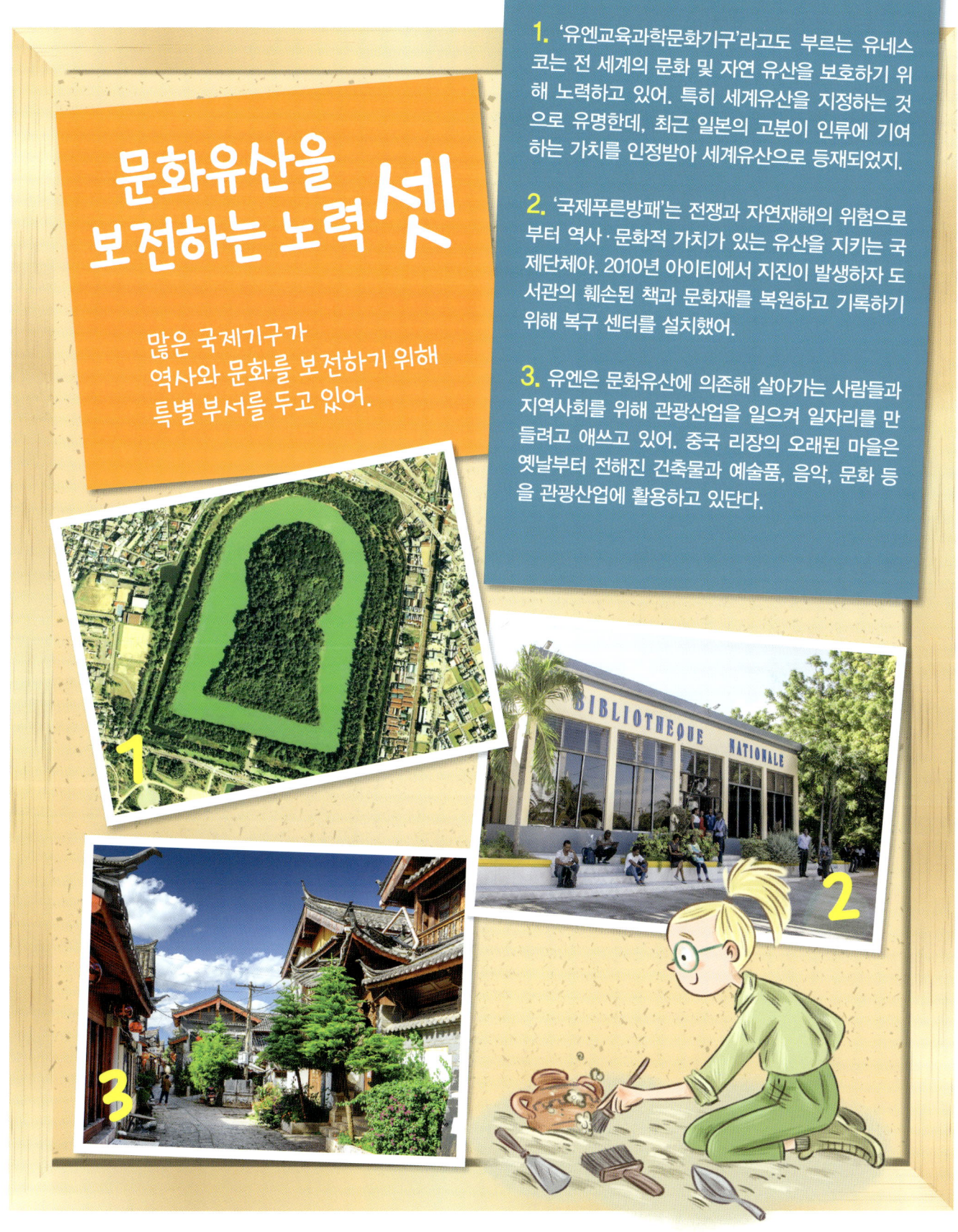

문화유산을 보전하는 노력 셋

많은 국제기구가 역사와 문화를 보전하기 위해 특별 부서를 두고 있어.

1. '유엔교육과학문화기구'라고도 부르는 유네스코는 전 세계의 문화 및 자연 유산을 보호하기 위해 노력하고 있어. 특히 세계유산을 지정하는 것으로 유명한데, 최근 일본의 고분이 인류에 기여하는 가치를 인정받아 세계유산으로 등재되었지.

2. '국제푸른방패'는 전쟁과 자연재해의 위험으로부터 역사·문화적 가치가 있는 유산을 지키는 국제단체야. 2010년 아이티에서 지진이 발생하자 도서관의 훼손된 책과 문화재를 복원하고 기록하기 위해 복구 센터를 설치했어.

3. 유엔은 문화유산에 의존해 살아가는 사람들과 지역사회를 위해 관광산업을 일으켜 일자리를 만들려고 애쓰고 있어. 중국 리장의 오래된 마을은 옛날부터 전해진 건축물과 예술품, 음악, 문화 등을 관광산업에 활용하고 있단다.

성공적인 모범 사례

많은 국가가 모든 사람이 안전한 집에서 살 수 있도록 노력하면서 큰 성과를 거두고 있어. 그중 호주와 러시아, 싱가포르의 이야기를 소개할게.

호주의 동굴 집

호주의 일부 지역은 여름 기온이 최대 섭씨 48도까지 치솟아. 쿠버페디 주민들은 이런 무더위를 피하기 위해 동굴을 파서 집을 지었어. 덕분에 냉방장치에 들어가는 에너지를 엄청 많이 아끼고 있지.

싱가포르의 기반 시설

싱가포르의 기반 시설은 세계 최고 수준이야. 도로와 무역 및 수송 서비스, 의료 체계, 전력 공급 서비스를 잘 갖추어서 도시와 도시 주변 지역의 생활 수준이 아주 높단다.

러시아의 녹지

모스크바는 세계에서 녹지가 가장 넓은 도시야. 공원과 정원, 숲, 호수와 화단을 모두 합한 면적이 450제곱킬로미터나 되지. 이는 서울시 면적(605제곱킬로미터)의 75%에 해당하는 크기야. 넓은 숲에는 엘크와 사슴을 비롯해 다양한 새들이 살고 있어.

아직 남은 과제

다음 나라들은 해결하지 못한 문제를 위해 조금 더 노력해야 해.

필리핀 : 노숙자 문제
두바이 : 녹지 부족
인도 : 대기오염
시에라리온 : 의료 체계
방글라데시 : 열악한 도로

생활 속 실천 방법 셋

우리도 지역사회를 건강하게 만드는 데 도움을 줄 수 있어.
1. 녹지를 청소하기.
2. 꾸준히 운동하고 건강을 유지하기.
3. 노숙자 자선단체를 돕기.

찾아보기

거주지 7, 20
공동체 12, 14, 22, 30
교량 14
국제푸른방패 31
기반 시설(인프라) 14, 15, 19, 24, 32
난민 20, 21
노숙자 15, 20, 21, 32
녹지 14, 15, 16, 17, 32
렙티스마그나 30
로마제국 30
리장 31
마약 25
모자이크 30
문화유산 30, 31
배터리 도시농장 17
백신 26
보편적 의료 보장 27
빈민촌 18, 19
세계보건기구(WHO) 12, 16, 24
세계유산 31
소코(SoCO) 11
스테인드글라스 30
슬럼 18
암레프 플라잉닥터스(AMREF Flying Doctors) 27
에어앰뷸런스 27
유네스코(유엔교육과학문화기구) 30, 31

유르트 7
유목민 7
유엔 10, 11, 13, 15, 20, 22, 23, 27, 30, 31
유엔인간주거계획 13, 29
유적지 30
의수 28
의족 28
이글루 7
자선단체 27, 32
자연재해 18, 20, 21, 30, 31
재생에너지 15
주택우선정책 21
지역사회(지역 공동체) 12, 13, 14, 15, 30, 31, 32
철도 교량 15
출생률 10
코로나19 13, 27
쿠버페디 32
태양광 15
풍력 15
피드더칠드런(Feed the Children) 25
항체 26
휠체어 28, 29
흡연 25

글 | 새런 테일러
작가이자 교사로 골드스미스대학교와 데몬트포트대학교에서 공부하고, 2006년에 박사 학위를 받았습니다. 브램블키즈 출판사에서 출간한 여러 과학 책과 연극·예술 관련 책에서 작가이자 편집자, 디자이너로 활약했습니다.

그림 | 엘리사 로치
이탈리아 볼로냐에서 태어났습니다. 어릴 때부터 그림 그리기와 이야기 짓기를 좋아했고, 볼로냐의 예술 고등학교와 예술 아카데미에 다니면서 그림 기법을 닦았습니다. 현재 밀라노에서 살며 어린이 책의 삽화를 그리고 있습니다.

옮김 | 김영선
서울대학교 영어교육과를 졸업하고, 미국 코넬대학교에서 문학 석사 학위를 받았으며 언어학 박사 과정을 수료했습니다. 2010년 《무자비한 윌러비 가족》으로 IBBY(국제아동도서위원회) 어너리스트(Honour List) 번역 부문의 상을 받았습니다. 어린이와 청소년을 위한 책을 우리말로 옮기는 일에 힘쓰며 지금까지 200여 권을 번역했습니다. 옮긴 책으로 《제로니모의 환상 모험》, 《구덩이》, 《수상한 진흙》, 《수요일의 전쟁》 등이 있습니다.

감수 | 윤순진
서울대학교 환경대학원 교수이며 한국환경사회학회 회장과 지속가능발전위원회 위원장을 역임하였습니다. 환경 에너지 문제와 기후변화 문제를 환경사회학과 정치경제학적 관점에서 연구하고 있으며, 국내외 학술지에 200여 편의 논문을 게재했고 60여 권의 국영문 단행본 출간에 공저자로 글을 발표하였습니다.

슬기로운 지구 생활
08 안전한 집

초판 1쇄 인쇄 2022년 5월 4일 **초판 1쇄 발행** 2022년 5월 25일

글쓴이 새런 테일러 **그린이** 엘리사 로치 **옮긴이** 김영선 **감수** 윤순진
펴낸이 김선식

경영총괄 김은영
어린이사업부총괄이사 이유남
어린이콘텐츠사업6팀장 윤지현 **어린이콘텐츠사업6팀** 강별
어린이디자인팀 남희정 남정임 이정아 김은지 최서원
어린이마케팅본부장 김창훈 **어린이마케팅1팀** 임우섭 최민용 김유정 송지은 **어린이 마케팅2팀** 문윤정 이예주
저작권팀 한승빈 김재원 이슬
경영관리본부 하미선 이우철 박상민 윤이경 김재경 최완규 이지우 김혜진 오지영 김소영 안혜선 김진경
물류관리팀 김형기 김선진 한유현 민주홍 전태환 전태연 양문현
외부스태프 편집 홍효은 **디자인** 러비

펴낸곳 다산북스 **출판등록** 2005년 12월 23일 제313-2005-00277호
주소 경기도 파주시 회동길 490 **전화** 02-704-1724 **팩스** 02-703-2219
다산어린이 카페 cafe.naver.com/dasankids **다산어린이 블로그** blog.naver.com/sdasan
용지 한솔피엔에스 **인쇄** 한영문화사 **제본** 대원바인더리 **코팅 및 후가공** 평창피앤지

ISBN 979-11-306-8899-2 74400 979-11-306-8891-0 (세트)

* 책값은 표지 뒤쪽에 있습니다.
* 파본은 본사와 구입하신 서점에서 교환해 드립니다.
* KC마크는 이 재품이 공통안전기준에 적합하였음을 의미합니다.

All Together : Safe Homes
Copyright ⓒ 2021 BrambleKids Ltd
Korean translation copyright ⓒ 2022 Dasan Books
Korean translation rights arranged with BrambleKids Ltd through LENA Agency, Seoul.
All rights reserved.

이 책의 한국어판 저작권은 레나 에이전시를 통한 저작권자와 독점계약으로 다산북스가 소유합니다.
신저작권법에 의하여 한국 내에서 보호를 받는 저작물이므로 무단 전재 및 복제를 금합니다.